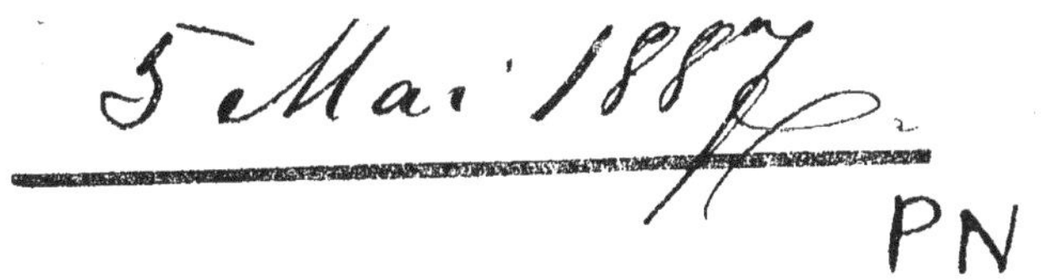

COLLECTION

DE FEU

M. G. DE SALVERTE

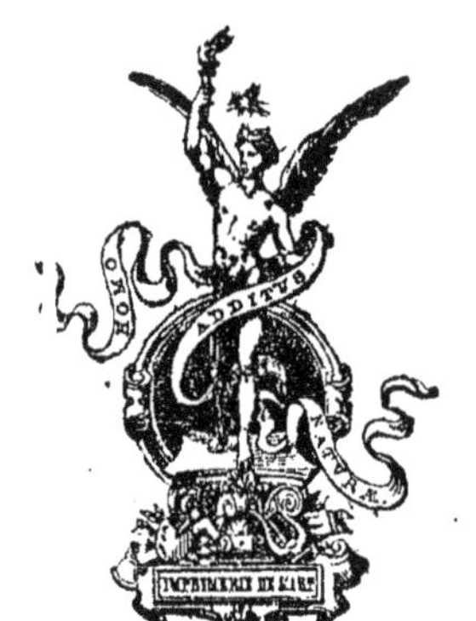
HOMO ADDITUS NATURÆ

COLLECTION

DE FEU

M. G. DE SALVERTE

PARIS — IMPRIMERIE DE L'ART

E. MÉNARD ET J. AUGRY, 41, RUE DE LA VICTOIRE

CATALOGUE

DES

TABLEAUX

DE L'ÉCOLE FRANÇAISE

OBJETS D'ART

ET DE

RICHE AMEUBLEMENT

DU XVIIIe SIÈCLE

TAPISSERIES GOTHIQUES & DE LA RENAISSANCE

Composant l'importante Collection de feu M. DE SALVERTE

ET DONT LA VENTE AURA LIEU

GALERIE GEORGES PETIT, 8, RUE DE SÈZE

Les Jeudi 5 et Vendredi 6 Mai 1887

à deux heures.

COMMISSAIRE-PRISEUR

Me PAUL CHEVALLIER, 10, rue de la Grange-Batelière.

EXPERTS

Pour les Objets d'art :	*Pour les Tableaux :*
M. Ch. MANNHEIM	**M. Eug. FÉRAL**
7, rue Saint-Georges, 7	51, Faubourg-Montmartre, 51

EXPOSITIONS

PARTICULIÈRE	PUBLIQUE
Le Mardi 3 Mai 1887	*Le Mercredi 4 Mai 1887*

DE UNE HEURE A CINQ HEURES

CONDITIONS DE LA VENTE

Elle sera faite au comptant.

Les acquéreurs paieront, en sus des adjudications, *cinq pour cent* applicables aux frais.

L'Exposition mettant le public à même de se rendre compte de l'état des objets, il ne sera admis aucune réclamation une fois l'adjudication prononcée.

TABLEAUX

BOUCHER (François)

Né à Paris en 1704, mort dans la même ville le 30 mai 1770.

1 — *Les Vendangeurs.*

Une jeune paysanne, coiffée d'un chapeau de paille et portant un panier de raisins, se tourne vers un jeune villageois qui paraît implorer ses faveurs. La jeune coquette, le regardant d'un air moqueur, lui montre une grappe de raisin.

Forme ovale.

Cadre en bois sculpté.

Toile. Haut., 72 cent.; larg., 60 cent.

BOUCHER (François)

2 — *Jeune Fille endormie.*

Elle est étendue sur un lit de repos entouré de rideaux de soie jaune ; elle tient dans ses bras un amour; un autre amour, soulevant les rideaux, lui jette des roses.

Gracieuse composition.

Cadre en bois sculpté.

Toile. Haut., 58 cent.; larg., 75 cent.

BOUCHER (François)

3 — *La Gimblette.*

Une jeune dame, élégamment vêtue, tenant à la main une gimblette, se penche vers un petit épagneul qui fait le beau, dressé sur ses pattes et regardant le gâteau que lui montre sa maîtresse.

Forme ovale.

Cadre en bois sculpté avec nœud de ruban.

Toile. Haut., 52 cent.; larg., 41 cent.

BOUCHER (François)

(Pendant du précédent.)

4 — *L'Enfant gâté.*

La mère debout, vue de dos, lui tend la main qu'il saisit et embrasse, se renversant sur un fauteuil où est jeté un rideau de soie jaune.

Forme ovale.

Cadre en bois sculpté avec nœud de ruban.

Toile. Haut., 52 cent.; larg., 41 cent.

BOUCHER (François)

5 — *La Surprise.*

Un petit berger, coiffé d'un chapeau rond, surprend deux petits camarades, fillette et garçon, jouant auprès d'un socle de pierre où ils ont posé une corbeille de fleurs.

Très beau dessus de porte, camaïeu bleu, de la meilleure époque de Boucher.

Cadre en bois sculpté.

Toile. Haut., 76 cent.; larg., 1 m. 70 cent.

DE TROY (Jean-François)

Né à Paris en 1679, mort à Rome le 24 janvier 1752.

6 — *Portrait de jeune dame.*

Représentée debout, devant sa toilette, les cheveux blonds, légèrement poudrés, tombant en boucles sur les épaules; robe décolletée. Elle est drapée dans un manteau de velours rougeâtre doublé de soie bleue. Un petit valet, placé devant elle, lui présente des objets de toilette.

Beau portrait.

Cadre en bois sculpté, style Louis XV.

Toile. Haut., 1 m. 45 cent.; larg., 1 m. 12 cent.

DROUAIS (Hubert)

Né à Paris le 14 décembre 1727, mort dans la même ville le 21 octobre 1775.

7 — *Portrait de jeune dame.*

Vue jusqu'aux genoux, assise auprès d'une toilette sur laquelle elle appuie le bras gauche ; la tête presque de face ; elle tient une partition. Chevelure relevée et poudrée, serrée par une chaîne de perles et ornée de plumes. Vêtue d'une robe de satin blanc légèrement décolletée, à larges manches avec volants de dentelles. Nœuds de ruban rose au corsage.

Signé et daté.

Charmant portrait.

Cadre en bois sculpté, style Louis XV, entouré de guirlandes de fleurs et cartouche au sommet.

Toile. Haut., 1 m. 8 cent.; larg., 88 cent.

DROUAIS (HUBERT)

8 — *Portrait présumé de Mme de Prangins.*

Vue à mi-corps, assise dans un fauteuil, elle tient un éventail. La tête de face, les cheveux poudrés et frisés, léger bonnet de dentelles; robe décolletée avec plissés de dentelles au corsage, mantille de soie gris perle bordée de fourrure; la robe fond blanc à fleurs brochées.

Charmant portrait.

Cadre en bois sculpté, du temps de Louis XV.

Toile. Haut. 80 cent.; larg., 65 cent.

DROUAIS (HUBERT)

9 — *Portrait de Mme la marquise de Pompadour.*

Vue jusqu'à la ceinture, de trois quarts, tournée vers la gauche; les cheveux relevés et poudrés, en partie couverts par un fichu de guipure noué sous le menton. Robe fond blanc, à fleurs brochées, légèrement décolletée et garnie de fine guipure; nœud de ruban sur la poitrine.

Forme ovale.

Cadre en bois sculpté.

Toile. Haut., 63 cent.; larg., 52 cent.

DROUAIS (Attribué à HUBERT)

10 — *Portrait présumé de Mme la comtesse Du Barry.*

Vue à mi-corps et tenant une corbeille de fleurs; la tête de face, les cheveux relevés et poudrés; robe blanche avec écharpe de soie bleue.

Forme ovale.

Très beau cadre en bois sculpté, à guirlande de laurier, couronne et chutes de fleurs.

Toile. Haut., 82 cent.; larg., 65 cent.

JEAURAT (Attribué à Étienne)

Né à Paris le 8 février 1699, mort à Versailles le 14 décembre 1789.

11 — *Portrait d'enfant.*

Il porte un costume militaire; habit fond blanc à galons rouges, chapeau à large bord. Un genou à terre, il montre une pancarte où se trouve l'inscription suivante, entourée d'attributs guerriers :

« *Placet à Madame la Dauphine.*

« Jean-Victor de Traverse, âgé de quatre ans et neuf mois, se jette à vos pieds pour obtenir, à la faveur de son âge et de sa bonne volonté, la permission de vouer sa vie à votre service, etc., etc. »

Au-dessous :

Daté de Stokach, le 2 mai 1770.

Un second placet est collé au mur du fond.

Cadre en bois sculpté, du temps de Louis XVI, avec couronne et guirlandes de fleurs au sommet.

Toile. Haut., 1 m. 2 cent.; larg., 73 cent.

JEAURAT (Attribué à Étienne)

(Pendant du précédent.)

12 — *Portrait d'enfant.*

Représenté debout, tourné vers la gauche. Il est coiffé d'un tricorne, porte un habit gris à petites fleurs et tient un fusil.

Cadre en bois sculpté, avec couronne et guirlandes de fleurs au sommet.

Toile. Haut., 1 m. 2 cent.; larg., 73 cent.

LE BRUN (Mme L. Vigée)

Née à Paris le 16 avril 1755, morte dans la même ville le 30 mars 1842.

13 — *Portrait de jeune femme.*

Elle est assise dans un paysage, vue à mi-jambes, vêtue d'une robe blanche, légèrement décolletée, avec ceinture de soie violette. Chevelure blonde frisée. Elle tient à la main droite un bouquet de fleurs des champs; le regard porté vers la gauche, le bras tendu semblant exprimer la surprise.

Très beau portrait.

Riche cadre en bois sculpté, du temps de Louis XVI, à chutes de laurier, cartouche au sommet.

Toile. Haut., 1 m. 45 cent.; larg., 1 m. 15 cent.

LE BRUN (Mme L. VIGÉE)

14 — *Portrait de jeune dame.*

Elle est tournée vers la gauche, vue à mi-corps, assise dans un fauteuil, le bras appuyé sur un coussin de velours grenat; elle tient une brochure, la figure, presque de face, regardant le spectateur. Chevelure bouclée et légèrement poudrée; robe blanche avec fichu de mousseline bordé de dentelles se croisant sur la poitrine.

Beau portrait.

Cadre en bois sculpté, de forme ovale. Écusson, couronne et chutes de laurier.

Toile. Haut., 80 cent.; larg., 62 cent.

LECLERC (Jacques-Sébastien)

dit des Gobelins.

Né en 1734, mort en 1785.

15 — *Le Marchand d'esclaves.*

Vêtu d'un costume oriental, il est assis vers la droite, auprès d'une table où ses employés écrivent et comptent de l'argent. Au centre, plusieurs groupes de jeunes femmes ; les unes assises, les autres debout livrées à des serviteurs qui changent leurs vêtements.

A droite, des constructions en ruine ; sur la gauche, une avenue où des tentes sont dressées.

Cuivre. Haut., 50 cent.; larg., 65 cent.

LECLERC (Jacques-Sébastien)

Dit des Gobelins.

(Pendant du précédent)

16 — *Les Femmes du sérail.*

Elles sont réunies dans un parc, auprès d'un pavillon à colonnes ; les unes jouant, les autres faisant de la musique ou causant.

Le sultan se présente au milieu des jeunes femmes, suivi d'un nègre et donnant son mouchoir à l'une d'elles.

Ces deux tableaux sont de fins et beaux spécimens des œuvres de l'artiste.

Cuivre. Haut., 50 cent.; larg., 65 cent.

NATTIER (Jean-Marc)

Né à Paris le 17 mars 1685,
mort dans la même ville le 7 novembre 1766.

17 — *Portrait de Mlle de Beauvau, marquise de Boufflers.*

Elle est vue jusqu'à la ceinture, le bras droit appuyé sur un tertre, la main sous le menton, la tête de face ; les cheveux relevés et poudrés, avec voile de mousseline rayée tombant dans le dos ; robe bleue, laissant les épaules nues.

Charmant portrait, de forme ovale.

Cadre rocaille, en bois sculpté.

Toile. Haut., 55 cent.; larg., 45 cent.

NATTIER (Jean-Marc)

18 — *Portrait d'homme.*

Vu en buste, la tête de trois quarts, tournée vers la droite ; costume polonais, bonnet de fourrure à gland d'or, habit rouge avec cordons de fils d'or croisés sur la poitrine et retenus par des olives.

Fine peinture de l'artiste, signée à droite et datée 1752.

Cadre à fronton, en bois sculpté.

Toile. Haut., 53 cent.; larg., 45 cent.

NATTIER (Attribué à Jean-Marc)

19 — *Portrait de jeune dame.*

Debout, dans un paysage, vue jusqu'à la ceinture, tournée de trois quarts à droite ; les cheveux poudrés, ornés de perles et de fleurs ; robe blanche décolletée, ruban bleu, écharpe de soie rose croisée sur la poitrine.

Signé à droite, sur un tronc d'arbre, et daté 1754.

Cadre en bois sculpté.

Toile. Haut., 78 cent.; larg., 63 cent.

NATOIRE (Charles)

Né à Nimes le 3 mars 1700
mort à Castel-Gandolfo, près de Rome, le 29 août 1777.

20 — *Les Ruses de l'Amour.*

Il est étendu sur un lit de repos et a posé son arc et son carquois ; deux jeunes filles lui donnent des soins ; l'une d'elles lui présente une tasse de bouillon qu'il prend d'un air languissant.

Toile cintrée du haut, à angles coupés.

Haut., 70 cent.; larg., 65 cent.

OUDRY (Jean-Baptiste)

Né à Paris le 17 mars 1686, mort à Beauvais le 3 avril 1755.

21 — *Sujet de chasse.*

Un chien barbet, passant à travers les joncs qui poussent au bord d'un cours d'eau, a saisi un canard par une aile ; l'oiseau se débat et cherche à s'échapper.

Cadre en bois sculpté.

Toile. Haut., 95 cent.; larg., 85 cent.

RIGAUD (Attribué à Hyacinthe)

Né à Perpignan le 20 juillet 1659,
mort à Paris le 27 décembre 1743.

22 — *Portrait d'une dame de la cour, sous Louis XIV.*

Elle est vue à mi-jambes, presque de face. Chevelure poudrée, robe de velours violacé, légèrement décolletée, manteau bleu doublé de brocart. Elle semble donner des ordres à un nègre placé derrière elle.

Riche cadre du temps, en bois sculpté.

Toile. Haut., 1 m. 45 cent.; larg., 1 m. 10 cent.

TOCQUÉ (Louis)

Né en 1696, mort au Louvre le 10 février 1772.

23 — *Portrait de femme.*

Vue à mi-corps, la tête presque de face, les cheveux relevés et poudrés, ornés de fleurs, avec voile tombant dans le dos. Robe décolletée, corsage jaune orné de perles et manteau de velours bleu. Elle tient une rose qu'elle pose à son corsage.

Très belle peinture.

Cadre en bois sculpté, du temps de Louis XV.

Toile. Haut., 80 cent.; larg., 63 cent.

TOURNIÈRES (Robert)

Né à Caen en 1668, mort dans la même ville le 18 mai 1752.

24 — *Portrait d'une dame de la cour, sous Louis XV.*

Elle est vue à mi-jambes, assise, le bras gauche appuyé sur un coussin de velours ; la tête de face ; les cheveux poudrés couverts d'un voile qui tombe sur les épaules, Robe décolletée en soie gris perle, à broderies d'or ; manteau de soie bleue. Elle prend, dans une large coquille, des bijoux que lui présente un amour.

Très beau portrait.

Riche cadre en bois sculpté.

Toile. Haut., 1 m. 15 cent.; larg., 90 cent.

TOURNIÈRES (Robert)

25 — *Portrait de jeune dame.*

Elle est vue jusqu'aux genoux, debout devant une table, la main gauche appuyée sur un cahier de musique. La tête de trois quarts vers la gauche, les cheveux poudrés et ornés de fleurs. Robe décolletée en soie gris perle, à reflets changeants et à broderies d'or. Grand manteau de soie bleue.

Très beau portrait.

Riche cadre Louis XV, en bois sculpté.

Toile. Haut., 1 m. 30 cent.; larg., 98 cent.

WATTEAU (Louis), dit Watteau de Lille.

Né à Valenciennes en 1731, mort en 1803.

26 — *Le Maréchal de Brissac passant une revue, sous Louis XVI.*

Des jeunes gens et leurs compagnes sont groupés au premier plan, près d'une tente dressée au pied d'un arbre. Une sentinelle présente les armes à un officier supérieur. Deux dames élégamment vêtues, suivies de deux fillettes, ont quitté leur carrosse et se dirigent vers la droite. Les troupes sont rangées au second plan; des officiers parcourent les rangs. Vers le fond, on aperçoit quelques maisons et le clocher d'un village.

Œuvre importante de l'artiste.

Toile. Haut., 1 m. 75 cent.; larg., 2 m. 80 cent.

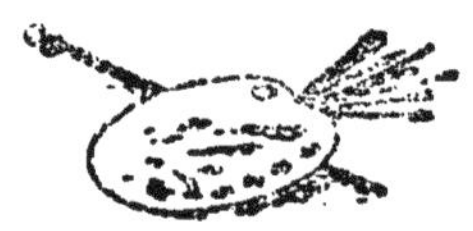

DÉSIGNATION DES OBJETS

SCULPTURES

27 — Terre cuite. Groupe disposé pour fontaine : Nymphe debout, les jambes croisées, le corps ceint d'une draperie, s'appuyant sur une urne. Deux dauphins, dont les corps s'enlacent, sont placés à droite et à gauche de la figure principale.

Travail français du temps de Louis XVI.

Haut., 1 m. 12 cent.; larg., 75 cent.

28 — Terre cuite. **Pajou, 1785.** Buste de femme, grandeur nature, les cheveux retenus par un ruban sur le sommet de la tête et retombant en boucles sur les épaules. La poitrine est couverte par une draperie.

Ce buste est signé *Pajou ft 1785.*

Hauteur, y compris le piédouche en marbre blanc et la base en bois doré, 70 cent.

29 — Terre cuite. Buste de jeune femme, grandeur nature, du temps de Louis XVI. La tête est tournée vers la droite ; les cheveux bouclés, retenus par un ruban, retombent en boucles sur les épaules.

Sur piédouche en marbre brèche violette.

Hauteur totale, 67 cent.

30 — Terre cuite. Buste de jeune femme, grandeur nature, les cheveux relevés et bouclés surmontés d'une touffe de plumes et de fleurs. Les épaules sont drapées. Époque Louis XVI.

Hauteur, y compris le piédouche en marbre blanc et le socle en bois doré, 85 cent.

31 — Marbre blanc. Statue, grandeur naturelle, signée *Delaistre*, représentant la fille du marquis de Thourny, gouverneur du Limousin sous Louis XVI, provenant du château de La Falaise et connue dans le pays sous le nom de : *la Rosière.* Elle est debout, la main sur un cœur posé sur une urne ovoïde qui porte l'inscription suivante : *Voici ce cœur qui nous a tant aimé.* Un large chapeau garni d'une couronne de fleurs est posé au pied du socle de l'urne.

Delaistre (François-Nicolas), né à Paris en 1746, mort en 1822, peut être, par ses œuvres, placé à côté des Pajou et des Castellier. Il est l'auteur de l'Amour et Psyché, de Phocion, des quatre Évangélistes et de plusieurs des bas-reliefs du Panthéon et de la Colonne Vendôme.

Haut., 1 m. 70 cent.

32 — Marbre blanc. Joli groupe du temps de Louis XVI : Arion à demi couché sur des dauphins et pinçant de la lyre.

Sur socle en bois sculpté à tore de laurier et peint à l'imitation du marbre bleu turquin.

Hauteur totale, 63 cent.; larg., 54 cent.

33 à 36 — Pierre. Quatre statuettes de moines debout, rappelant celles des tombeaux des ducs de Bourgogne, à Dijon.

Haut., 45 et 48 cent.

PORCELAINES DE CHINE

37 — Garniture de trois vases, dont l'un de forme ovoïde et les deux autres en forme de balustre, en ancien céladon fleuri de la Chine, décorés de fleurs et d'oiseaux en bleu, blanc et rouge

de cuivre. Ils sont garnis de montures du temps de Louis XVI en bronze ciselé et doré. Le vase du milieu repose sur un piédouche à feuilles et tore de chêne; ses anses, à volutes, se rattachent à un tore de laurier placé au pourtour de la panse, et il est surmonté d'un couvercle à graine ciselée. Les deux autres vases ont des anses qui se rattachent à la panse par des couronnes de laurier et leur base est formée d'une moulure unie à gorge. Ces derniers ont des socles carrés en granit rose oriental.

Haut., 41 et 36 cent.

38 — Deux vases en forme de balustre à côtes verticales, en ancien céladon bleu empois uni de la Chine. Ils sont garnis, haut et bas, de montures rocaille en bronze ciselé et doré.

Haut., 29 cent.

39 — Vase en forme de potiche en ancien céladon vert d'eau à arbustes et personnages gaufrés en relief et décorés en bleu, blanc et rouge de cuivre. Il est garni d'une riche monture à anses, gorge ajourée et base en bronze ciselé et doré, composée d'ornements rocaille et de fleurs. Le couvercle est surmonté d'une forte graine formant panache.

Haut., 39 cent.

40 — Jolie cassolette sur piédouche et à couvercle, en ancien céladon vert d'eau de la Chine, à ornements découpés à jour. Elle est garnie d'une riche monture du temps de Louis XV en bronze ciselé et doré à ornements rocaille et fleurs, composée d'une base ou socle et de deux anses à double enroulement.

Haut., 24 cent.; larg., 26 cent.

41 — Cassolette ronde ou brûle-parfums à couvercle bombé, en grès fin de la Chine, à fleurs, feuillages, quadrillages et rosaces gaufrés en relief. Elle est garnie d'une jolie monture Louis XV en bronze ciselé et doré, composée d'une base large à ornements rocaille et d'une galerie découpée à jour et formant entre-deux.

Haut., 22 cent.

42 — Deux brûle-parfums de forme oblongue, en ancienne porcelaine de Chine, à décor bleu et réserves gaufrées sous émail décorées de poissons en bleu et rouge de cuivre. Les anses et les boutons des couvercles se composent de branches fleuries, décorées au naturel, et l'entre-deux, formant galerie ajourée, présente des fruits en vieux Chine, décorés en jaune et vert.

Les diverses parties de ces pièces sont reliées

entre elles, à l'aide de moulures et de feuilles en bronze doré.

Haut., 27 cent.; larg., 20 cent.

43 — Chimère assise, en ancien céladon bleu turquoise, jaspé d'émail violet. Elle est tournée vers la gauche et pose une patte sur une boule découpée à jour, à piédouche de bronze doré. La base, émaillée violet, repose sur une monture en bronze doré, à larges feuilles ciselées et à quatre patins.

Haut., 58 cent.

44 — Deux aigles debout sur rochers, en ancien blanc de Chine. Ils sont montés en candélabres, à quatre lumières de style Louis XV, à ornements rocaille et fleurs, en bronze ciselé et doré. Les montures par Dasson.

Hauteur des aigles, 52 cent.
Hauteur totale, 77 cent.

45 — Vasque ou jardinière de forme sphérique, en ancienne porcelaine de Chine, décorée de dragons, de nuages et d'ornements en émaux de la famille verte, sur fond jaune marbré.

Socle-support en bois noir sculpté à ornements et pieds en consoles, à têtes chimériques et griffes de lion.

Hauteur, sans le socle, 43 cent.
Hauteur totale, 1 m. 4 cent.

46 — Deux jolies potiches couvertes, en ancienne porcelaine de Chine, à fond noir relevé de feuillages émaillés vert et de fleurs polychromes. Elles sont enrichies de réserves variées de formes, qui renferment des bouquets de fleurs et des oiseaux.

Hauteur, sans les socles en bois noir sculpté, 45 cent.

47 — Deux vases en forme de balustre, en ancienne porcelaine de Chine, décorés en émaux de la famille verte, à quadrillages rehaussés d'animaux et de fleurs. Ils sont enrichis de réserves variées de formes, qui renferment des rochers, des fleurs et des animaux. Montures de style Louis XVI, en bronze ciselé et doré, à tores de laurier, rosaces et ornements.

Haut., 47 cent.

48 — Deux petites girandoles ou bouts de table du temps de Louis XV, composés de deux groupes en ancienne porcelaine de Chine : Chinois et

Chinoise montés chacun sur un cheval debout, à décor polychrome et garnis de montures rocaille, en bronze doré, à deux branches feuillagées porte-lumières.

Haut., 18 cent.

49 — Petit vase ovoïde, à couvercle, en ancienne porcelaine de Chine, fond bleu fouetté, à réserves d'oiseaux, de fleurs et de chimères en rouge de fer, or et émaux verts sur fond blanc. Il est garni d'une monture à deux anses du temps de Louis XV, composée d'ornements rocaille, en bronze doré.

Haut., 31 cent.; larg., 26 cent.

50 — Petit vase balustre, en ancienne porcelaine de Chine, fond bleu clair gravé, décoré de branches de fleurs émaillées en couleurs et garni d'une monture Louis XVI, en bronze ciselé et doré, composée d'un piédouche, d'une gorge et de deux anses à têtes de coqs.

Haut , 25 cent.

51 — Double garniture de toilette, en porcelaine de Chine, à fond jaune, décorée de fleurs et de feuillages en camaïeu bleu. Chacune d'elles se

compose d'un pot à l'eau, d'une cuvette et de deux boîtes en deux dimensions.

Diamètre de la cuvette, 31 cent.
Hauteur du pot à l'eau, 48 cent.

PORCELAINES DU JAPON

52 — Deux grandes et belles potiches en ancienne porcelaine du Japon, à décor noir, rouge, violet, vert et or, connu sous le nom de : la Femme au parasol. Le couvercle est surmonté d'une figurine de femme debout tenant un éventail.

Elles reposent sur des socles de style Louis XIV, en bronze ciselé et doré, à mufles et griffes de lion, qui sortent des ateliers de Dasson.

Hauteur totale, 1 mètre.

53 — Deux grandes et très belles potiches couvertes, à pans, en ancienne porcelaine du Japon, à riche décor en bleu, rouge et or. Sur chaque pan des vases, une corbeille de fleurs se détache sur un fond blanc, bleu et or alternant. Les boutons des couvercles sont repercés à jour.

Ces potiches reposent sur des socles à pans

et à gorge, en marqueterie de cuivre, garnis en bronze ciselé et doré.

Hauteur des potiches, 80 cent.
Hauteur des socles, 10 cent.

54 — Deux grands cornets en ancienne porcelaine du Japon, à riche décor en bleu, rouge et or, à paysages et compartiments renfermant des corbeilles de fleurs. Ils sont montés sur des socles rocaille, en bronze ciselé et doré, de chez Dasson.

Hauteur totale, 65 cent.

55 — Deux vases forme lisbé, en ancienne porcelaine du Japon, fond gros bleu rehaussé de dorures et réserves variées de formes décorées de fleurs, de barques et de petits personnages émaillés vert, jaune et violet.

Socles en bronze ciselé et doré, à mascarons de style Louis XIV, exécutés par Dasson.

Hauteur des vases, 56 cent.
Hauteur totale, 68 cent.

56 — Grande potiche couverte en ancienne porcelaine du Japon, fond gris tourterelle et décorée de chevaux polychromes dans un paysage, dont les arbres sont rehaussés de dorure. A la partie

supérieure, larges réserves bordées d'ornements noirs renfermant des fongs-hoangs polychromes rehaussés de dorure.

Le couvercle est surmonté d'une poule blanche sur un rocher.

Hauteur, sans le socle en bois doré, 80 cent.

PORCELAINES DE SÈVRES

DE SAXE ET AUTRES

57 — Deux jolis vases en ancienne porcelaine de Sèvres (?) en forme de balustre, décorés à l'imitation des anciennes porcelaines craquelées de la Chine, avec lambrequins gaufrés en relief émaillés brun, sur un fond jaune clair, et à deux anses, têtes fantastiques saillantes. Ils sont garnis de riches montures du temps de Louis XVI, en bronze ciselé et doré, composées de piédouches et de culots ciselés à feuilles et godrons, de gorges cannelées bordées d'un tore de laurier sur lesquelles reposent des anses à doubles serpents dont les extrémités reliées à des festons de laurier viennent encadrer les têtes saillantes des vases. Pièces rares.

Collections de San Donato.

Hauteur totale, 41 cent.

58 à 60 — Garniture de cinq vases en ancienne porcelaine de Sèvres, émaillés vert camélia, et garnis de riches montures de la fin du règne de Louis XV, en bronze ciselé et doré. Deux de ces vases, montés en guise de buires, sont ornés de festons de laurier; deux autres, en forme de balustre, peuvent servir de flambeaux, et le dernier, de forme conique renversée, est garni de deux anses surélevées qui s'échappent de mufles de lions. (Ce lot pourra être divisé.)

Hauteur des buires, 28 cent.
Hauteur des flambeaux, 20 cent.
Hauteur du vase de milieu, 28 cent.

61 — Cinq belles statuettes en ancienne porcelaine de Saxe, à décor polychrome. *Les cinq Sens*, figurés par des femmes debout, tenant et accompagnées des attributs qui les qualifient. Elles sont montées sur des socles carrés à quatre pieds en bronze doré.

Haut., 31 cent.

62 — Beau groupe en ancienne porcelaine de Saxe, représentant *l'Europe*, figurée par une femme couronnée tenant le sceptre et la boule du Monde, assise sur un cheval blanc qui se cabre.

Il est monté sur un socle en cuivre doré à rosaces gravées et découpées à jour.

Haut., 22 cent.; larg., 18 cent.

63 — Groupe en ancienne porcelaine de Saxe, représentant *l'Afrique,* figurée par une négresse coiffée de plumes, tenant une corne d'abondance et un perroquet, et assise sur un crocodile. Socle semblable à celui du groupe qui précède.

Haut., 22 cent.; larg., 18 cent.

64 — Joli carlin assis, en ancienne porcelaine de Saxe. Il est monté sur un socle rocaille en bronze ciselé et doré.

Haut., 20 cent.

65 — Tonnelet en ancienne porcelaine de Saxe, à fond jaune et filets dorés, décoré à ses extrémités de sujets chinois. Il repose sur un socle à trépied orné de figurines de femmes aux angles, et il est surmonté d'une statuette d'enfant debout.

Hauteur totale, 41 cent.

66 — Groupe en deux parties, en ancienne porcelaine de Saxe : *le Pigeonnier.* La partie inférieure du groupe se compose de deux person-

nages à décor polychrome, qui donnent à manger aux pigeons.

Hauteur totale, 43 cent.

67 — Deux jolis petits candélabres du temps de Louis XV, composés chacun d'un oiseau, en ancienne porcelaine de Saxe, monté sur un socle rocaille en bronze doré et entouré de branches peintes garnies de fleurettes de porcelaine et de deux porte-lumières en bronze ciselé et doré.

Haut., 23 cent.; larg., 20 cent.

68 — Deux statuettes en ancienne porcelaine de Nymphenburg : Personnage vêtu d'un gilet rayé rouge, d'une culotte, d'un habit et d'un large chapeau noirs, et jeune femme vêtue d'une jupe rayée bleu et or, et d'une mantille violette, portant une fiasque.

Haut., 20 cent.

FAIENCE DE DELFT

69 — Belle garniture de cinq vases, à pans et côtelés, en ancienne faïence de Delft, décor polychrome dit cachemire, à lambrequins, corbeilles de fleurs et médaillons de paysages dans le goût

japonais. Elle se compose de trois potiches à couvercles et de deux cornets.

Hauteur, sans les socles en bois de style chinois, 55 et 48 cent.

BRONZES D'ART

70 — Petit buste d'enfant, en bronze, avec draperie dorée et offrant à la partie postérieure de la tête un motif élégant d'ornements rocaille et feuillagés en bronze ciselé et doré. Il repose sur un socle en gaine, en marbre blanc. XVIIe siècle.

Haut., 36 cent.

71 — Deux statuettes d'enfants savoyards, garçon et fille, du temps de Louis XVI, en bronze, assis chacun sur une borne garnie de chaînes dorées. Chacune d'elles repose sur un socle en granit noir et blanc, avec monture et tore en bronze doré et embase carrée en porphyre rouge oriental.

Hauteur totale, 51 cent.

PENDULES, RÉGULATEUR, CARTELS

72 — Belle pendule-applique du temps de Louis XIV, forme dite violon, avec façade en bronze ciselé et doré à mascarons, festons de fleurs, quadrillages découpés à jour et ornements variés. Elle est surmontée d'une figurine d'amour et ses côtés sont en marqueterie de cuivre et d'écaille. Son cadran, en bronze ciselé et doré, a des cartouches d'émail. Elle repose sur un socle cul-de-lampe de même époque, à rosace marquetée et à double console surmontée de coqs debout, en bronze ciselé et doré.

Hauteur de la pendule, 85 cent.
Hauteur du socle, 40 cent.

73 — Régulateur du temps de Louis XV, plaqué de bois de rose et de bois satiné et très richement garni d'ornements rocaille en bronze ciselé.

Haut., 2 m. 20 cent.; largeur à la base, 65 cent.

74 — Grande pendule de la fin du règne de Louis XV, à cage, en bronze ciselé et doré, surmontée d'un coq debout sur des nuages et flanquée de deux amours debout en bronze vert, tenant, l'un, une trompette, et l'autre, une lampe de forme

antique. Socle en bois noir garni d'appliques en bronze doré. Mouvement de *Ragot, à Paris.*

Haut., 66 cent.

75 — Jolie pendule du temps de Louis XV, en bronze ciselé et doré, modèle rocaille, sur pieds formés de têtes de dauphins, roseaux aux angles, figurine d'enfant à sa partie supérieure et applique composée d'une grenade et de feuillages. Le cadran porte le nom de *Huau-Saint-Amand, à Paris.*

Haut., 45 cent.

76 — Grand cartel du temps de Louis XV, en bronze doré, modèle rocaille, enrichi de branches de feuilles et de feuillages. Une figure de négresse coiffée d'un casque à plumes contourne la partie inférieure de la pièce. Dans le haut, est une figurine d'enfant casqué qui tient un carquois. Mouvement de *Bailly l'aîné, à Paris.*

Haut., 95 cent.

77 — Cartel du temps de Louis XV, en bronze ciselé et doré, forme violon, enrichi de festons de feuillages, de mascarons, têtes de femme et de soleil, et surmonté d'une figure d'amour assis. Mouvement de *Charles Rey, à Paris.*

Haut., 90 cent.

78 — Pendule-applique du temps de Louis XV, en bronze doré, modèle rocaille, à festons de fleurs. Dans le bas, l'avant d'un lion; dans le haut, un coq, ainsi qu'un groupe de nuages d'où s'échappent des rayons. Mouvement de *Lefaucheur, à Paris.*

Haut., 58 cent.

79 — Petite pendule du temps de Louis XV, en bronze doré, modèle rocaille, surmontée d'un bouquet de fleurs. Mouvement de *Royer, à Paris.*

Haut., 32 cent.

80 — Curieux petit cartel à tirage, en bronze doré, composé de rayons simulés. Mouvement de *Romilly, à Paris.*

Haut., 37 cent.

81 — Pendule-applique et son support, de forme très contournée, composée d'ornements rocaille et de fleurs en bronze ciselé et doré. Le cadran, fleurdelisé, porte le nom de *Gille l'aîné, à Paris.*

Haut., 76 cent.; larg., 43 cent.

BRONZES D'AMEUBLEMENT

82 — Beau lustre du temps de Louis XIV, en bronze ciselé et doré, à huit branches porte-lumières, modèle dit de *Boulle*. La tige est formée de quatre consoles avec vase au centre.

Haut., 75 cent.; diam., 80 cent.

83 — Deux chenets du temps de Louis XIV, en bronze ciselé et doré, composés chacun d'une figurine d'enfant jouant avec un chien et assis sur un socle oblong orné de quadrillages et d'un mascaron.

Haut., 37 cent.; larg., 20 cent.

84 — Paire de chenets composés chacun d'une figurine d'enfant Louis XV, en bronze doré, assis sur un large motif à volutes, et tenant un vase d'où s'échappe une flamme en bronze vert.

Haut., 35 cent.

85 — Deux bras-appliques du temps de Louis XIV, à une lumière, en bronze ciselé, avec applique ornée de cariatides de lions.

Haut., 33 cent.

86 — Deux flambeaux de jardin du temps de Louis XIV, à base circulaire supportée par trois griffes de lion s'échappant de feuillages élégants, le tout en bronze doré et rehaussé de parties gravées. Ils sont garnis de verrines incolores.

Hauteur totale, 45 cent.

87 — Bougeoir-porte-mouchettes à deux lumières, en bronze doré, du temps de Louis XIV.

Haut., 15 cent.; larg., 20 cent.

88 — Porte-mouchettes du temps de Louis XIV, de forme contournée, en bronze ciselé et doré, enrichi de mascarons en relief.

Long., 22 cent.

89 — Deux bras-appliques du temps de la Régence, en bronze ciselé et doré, à trois branches porte-lumières, modèle rocaille et feuillages. Chacune des appliques présente un écusson avec dragon en relief placé sur un flambeau et sur un carquois.

Haut., 42 cent.; larg., 40 cent.

90 — Paire d'appliques en bronze ciselé et doré, du temps de la Régence, à deux branches porte-lumières et ornées chacune d'une chimère.

Haut., 52 cent.

91 — Deux bras-appliques du temps de Louis XV, en bronze ciselé et doré, modèle rocaille, à deux branches porte-lumières.

Haut., 50 cent.

92 — Deux bras analogues à ceux qui précèdent et de même époque, mais plus légers. Les appliques de ceux-ci sont enrichies de festons de fleurs.

Haut., 55 cent.

93 — Paire de girandoles du temps de Louis XV, en bronze ciselé et doré, à deux branches contournées porte-lumières, modèle rocaille, avec branche de fruits en entre-deux et flambeau ciselé à feuilles.

Haut., 41 cent.

94 — Deux girandoles en bronze ciselé et doré, de la fin du règne de Louis XV, à trois branches porte-lumières, à rinceaux et grenade au centre. Le flambeau est orné de festons de laurier.

Haut., 30 cent.

95 — Deux girandoles du temps de Louis XV, en bronze doré, modèle rocaille à trois branches porte-lumières.

Haut., 40 cent.

96 — Joli candélabre à trois lumières, du temps de Louis XVI, en bronze ciselé et doré, composé d'une élégante figure de nymphe debout, placée devant un tronc de chêne d'où s'échappent trois branches porte-lumières. La figure tient une de ces branches de ses deux mains, et elle repose sur un socle cannelé orné de fines tigettes ciselées.

Haut., 49 cent.

97 — Petit encrier Louis XV, composé d'ornements rocaille en bronze doré.

Larg., 20 cent.

98 — Presse-papier formé d'une figurine d'enfant, en bronze doré, du temps de Louis XV, à demi couchée sur une plinthe en granit rose oriental.

Hauteur totale, 18 cent.; larg., 19 cent.

99 — Petit presse-papier, composé d'une figurine de souverain oriental assis sur un coussin et reposant sur une base à gorge, le tout en bronze ciselé et doré. Socle en marbre vert de mer.

Hauteur totale, 13 cent.

100 — Deux salières de forme contournée, en bronze ciselé et doré, du temps de Louis XV.

Haut., 40 millim.; long., 105 millim.

101 — Deux candélabres hollandais à six branches porte-lumières, en cuivre jaune, à tige torse et pied godronné. Les douilles sont supportées par des animaux chimériques. Ils se terminent à leur extrémité supérieure par une figurine qui repose sur un motif ajouré composé de deux lions héraldiques. XVIIe siècle.

Haut., 85 cent.

102 — Lustre gothique en bronze, à dix-huit lumières. La tige est ornée d'une statuette de Saint Georges, debout sous un pavillon conique supporté par six contreforts. Les maîtresses branches sont surmontées de cerfs debout. Douze des branches porte-lumières ont été rapportées ; ce lustre dans le principe n'avait que six lumières.

Haut., 1 m. 20 cent.

103 — Écritoire rectangulaire, dont le pourtour en étain présente en bas-relief des mascarons, des cartouches et des figurines dans le goût des œuvres de François Briot. XVIe siècle.

Long., 165 millim.

MEUBLES

104 — Meuble d'entre-deux du temps de Louis XIV, en marqueterie de Boulle, écaille de l'Inde et cuivre, fermant à deux portes vitrées et richement garni d'ornements et de statuettes-appliques en bronze ciselé. Il est couvert d'une tablette de marbre brèche bordée d'une moulure en bronze ciselé, et ses pieds en toupie sont également en bronze ciselé.

Haut, 1 m. 34 cent.; larg., 1 m. 18 cent.

105 — Grand et beau meuble du temps de Louis XIV, en marqueterie d'écaille rouge, de cuivre et de corne teintée, garni d'ornements-appliques en bronze ciselé, tels que : mascarons, figurines sous des dais, palmettes, coquilles et ornements variés. Les deux portes sont pleines dans le bas et vitrées dans le haut.

Haut., 2 m. 46 cent.; larg., 1 m. 45 cent.

106 — Joli meuble du temps de Louis XIV, avec ressaut cintré à sa partie supérieure, et fermant à deux portes, en marqueterie de cuivre et d'étain sur fond d'ébène, première partie, à vases de fleurs, cariatides, rinceaux, fleurs et feuillages.

Il est garni de moulures ornées, d'oves, de mascarons et de rosaces en bronze ciselé.

Haut., 2 m. 8 cent.; larg., 1 m. 5 cent.

107 — Bureau plat du temps de Louis XIV, en marqueterie d'écaille rouge et de cuivre, à ornements, festons de feuillages et personnages allégoriques sous des dais. Ses quatre pieds cintrés sont garnis de sabots à leur partie inférieure et de palmettes à leur partie supérieure, en bronze ciselé.

Larg., 1 m. 30 cent.

108 — Bibliothèque en bois noir, incrusté de filets de cuivre, garnie d'ornements en bronze ciselé et fermant à deux portes treillagées de cuivre, avec fond d'étoffe. Époque Louis XIV.

Haut., 1 m. 71 cent.; larg., 1 m. 36 cent.

109 — Meuble à hauteur d'appui, en marqueterie de cuivre sur bois, garni de moulures et d'encadrements en bronze ciselé. Il ferme à deux portes treillagées de cuivre avec fond de bois. Époque Louis XIV.

Haut., 1 m. 11 cent.; larg., 1 m. 47 cent.

110 — Grand et beau bureau plat du temps de Louis XV, à contours, en bois satiné et bois de violette clair richement garni d'ornements rocaille en bronze doré, tels que : chutes, poignées de tiroirs, appliques, etc. Le cuir noirâtre est bordé de bois satiné encadré d'un quart de rond uni avec écoinçons en bronze giselé et doré aux angles.

Haut., 79 cent.; larg., 1 m. 76 cent.

111 — Très belle encoignure du temps de Louis XV, en bois noir, et fermant à deux portes formées de panneaux de laque décorés de paysages en or et couleurs sur un fond noir. Elle est très richement garnie d'ornements rocaille et de festons de fleurs en bronze giselé, tels que : chutes, sabots, montants et encadrements des portes, etc. Dessus de marbre gris fer.

Haut., 92 cent.; larg., 78 cent.

112 — Deux encoignures du temps de Louis XV, en marqueterie de bois satiné à quadrillages et garnies de quelques ornements rocaille en bronze ciselé. Dessus de marbre brèche d'Alep.

Haut., 93 cent.; larg., 76 cent.

113 — Joli secrétaire droit à côtés cintrés et à

gorge, du temps de Louis XV, en marqueterie de bois de rose et bois de violette, à quadrillages et rosaces, garni de chutes, de sabots et de moulures en bronze doré, et à dessus de marbre brèche d'Alep.

Haut., 1 m. 24 cent.; larg., 81 cent.

114 — Bout de bureau surmonté d'un cartonnier, en bois de rose et en bois de violette, richement garni d'ornements rocaille en bronze ciselé et doré. Il se termine, à sa partie supérieure, par une figure du Temps en bronze doré, et ses tiroirs sont couverts de maroquin rouge doré au fer. Époque Louis XV.

Haut., 1 m. 95 cent.; larg., 90 cent.

115 — Curieux pupitre à écrire debout, du temps de Louis XV, plaqué de bois de rose et de bois de violette, de forme contournée, à quatre pieds reliés par deux tablettes d'entre-jambes et garnis de quatre très belles chutes en bronze ciselé et doré, composées d'ornements rocaille et de festons de fleurs.

Haut., 1 m. 32 cent.; larg., 89 cent.

116 — Table oblongue du temps de Louis XV, en marqueterie de bois de rose et bois de violette

à quadrillages et rosaces, garnie de quelques ornements de bronze ciselé et doré et à dessus de marbre brocatelle d'Espagne. Elle a deux tiroirs superposés et un compartiment qui ferme à l'aide d'une porte.

Larg., 59 cent.

117 — Petite table-bureau du temps de Louis XV, en marqueterie de bois satiné et de violette avec coquilles sur le dessus. Elle est garnie de chutes et de sabots en bronze ciselé et doré, et le dessus, contourné, est encadré d'une moulure en bronze doré.

Larg., 60 cent.

118 — Petite table à ouvrage, en bois de placage, garnie de sabots en bronze ciselé. Le dessus ouvre à charnières, et les pieds sont reliés par une tablette d'entre-jambes. Époque Louis XV.

Larg., 44 cent.

119 — Bureau du temps de Louis XV, en bois de placage, fermant à portes et tiroirs et surmonté d'un casier. Il est garni de chutes et d'appliques en bronze ciselé et doré.

Haut., 94 cent.; larg., 1 m. 23 cent.

120 — Commode de forme contournée et à deux tiroirs, du temps de Louis XV, en marqueterie de bois de rose et bois clair à quadrillages et rosaces. Elle est garnie, aux angles, de chutes à mascarons têtes de satyres en bronze ciselé, et elle est couverte d'une tablette en marbre brèche d'Alep.

Larg., 1 m. 15 cent.

121 — Grand et beau meuble du temps de Louis XVI fermant à portes et tiroirs, décoré de panneaux de laque noir à décor de paysages en or et couleurs encadrés de bois d'acajou et richement garni d'ornements en bronze ciselé et doré. Les angles coupés présentent une couronne de fleurs et une couronne de lauriers suspendues à une draperie en bronze ciselé et doré, qui se détachent sur un fond de bois noir. La frise de bronze doré se compose d'entrelacs, de rosaces et de fleurons. Ce beau meuble est couvert d'un beau marbre rouge veiné.

Larg., 1 m. 53 cent.

122 à 125 — Quatre meubles d'entre-deux, de même travail et de même époque que celui qui précède. Chacun de ceux-ci a une porte surmontée d'un tiroir.

Larg., 63 cent.

126 — Bureau à cylindre plaqué de bois rose encadrant des panneaux de laque noir décorés de paysages avec personnages exécutés en relief en c[illegible] et couleurs. Il est garni de quelques ornements de bronze, et son dessus de marbre blanc veiné de noir est encadré d'une galerie découpée à jour. Travail français de la fin du règne de Louis XV.

Haut., 1 m. 19 cent.; larg., 1 m. 24 cent.

127 — Grand et beau meuble à hauteur d'appui du commencement du règne de Louis XVI, en bois d'acajou garni d'ornements en bronze ciselé et doré. Les angles, coupés et arrondis, sont ornés de cannelures de cuivre; les deux portes et les côtés sont vitrés et garnis d'encadrements de bronze ciselé et doré.

Dessus de marbre blanc veiné.

Haut., 1 m. 12 cent.; larg., 1 m. 60 cent.

128 — Petit meuble à hauteur d'appui et à angles coupés fermant à une porte, plaqué d'ébène incrusté de filets de cuivre, la frise et les pans coupés ornés de cannelures de cuivre. Il est garni d'oves, de rosaces, d'encadrements et de pieds en toupies en bronze ciselé et doré, et il

est couvert d'une tablette de marbre brèche. Époque Louis XVI.

Haut., 1 mètre ; larg., 83 cent.

129 — Petite balance du temps de Louis XVI, supportée par une pyramide en bronze doré entourée de festons de laurier et portant l'inscription : *Dalmacc Ceruty Fecit.*

Cette balance est placée dans une cage vitrée, qui repose sur un coffre à tiroir, le tout en marqueterie de bois, garni de moulures en bronze doré.

Hauteur de la cage, 54 cent.; larg., 40 cent.

130 — Deux fûts de colonnes cannelées, en bois peint à l'imitation du marbre bleu turquin et à dessus de marbre.

Haut., 1 m. 15 cent.

131 — Grand lit en marqueterie de bois du temps de Louis XVI, à médaillons de personnages, guirlandes, etc., et enrichi de parties sculptées.

132 — Bout de bureau surmonté d'un casier à tiroir, ce dernier de forme contournée en marqueterie de bois à damier et quadrillages, garni de quelques ornements de bronze ciselé et doré.

Hauteur totale, 1 m. 36 cent.; larg., 90 cent.

133 — Meuble à deux corps en marqueterie de bois et garni de bronzes. Le bas fermé à deux portes pleines, et le haut à deux portes en glace. XVIIIe siècle.

Haut., 1 m. 80 cent.; larg., 80 cent.

MEUBLES EN BOIS SCULPTÉ

134 — Belle table-console du temps de Louis XIV, en bois sculpté et doré, à pieds ornés de mascarons se détachant sur un fond quadrillé à rosaces et reliés par un riche entre-jambes en X. Sur la face, mascaron, tête de femme encadrée d'ornements découpés à jour; sur les côtés, palmettes et ornements également découpés. Dessus de marbre campan.

Haut., 78 cent.; larg., 1 m. 30 cent.

135 — Buffet cintré du temps de la Régence, en bois de chêne sculpté. Ses deux portes présentent des bas-reliefs à attributs. Dessus en marbre rouge du Languedoc.

Haut., 97 cent.; larg., 1 m. 85 cent.

136-137 — Deux très belles consoles du temps de Louis XV, en bois sculpté et peint en blanc, à deux pieds et frises composés d'ornements rocaille et de feuillages dans lesquels se jouent des oiseaux. Les entre-jambes sont ornés de sujets de chasse, qui représentent, l'un l'hallali d'un sanglier, et l'autre celui d'un chevreuil.

Dessus en marbre brèche d'Alep à moulures.

Larg., 1 m. 6 cent.

138 — Console du temps de Louis XIV, en bois de chêne sculpté, à mascarons et feuillages. Les pieds sont reliés par un entre-jambes en X. Dessus de marbre rouge de Flandres.

Larg., 1 m. 28 cent.

139 — Console analogue à celle qui précède, mais un peu plus petite.

Larg., 1 m 20 cent.

140 — Paravent à six feuilles du temps de Louis XV, en bois sculpté et doré, garni de gros de Tours, à bandes blanches ondulées imitant la dentelle, et bouquets de fleurs polychromes sur fond rose.

Haut., 1 m. 31 cent.; largeur de chaque feuille, 51 cent.

141 — Bureau du temps de Louis XV, en bois sculpté, à ornements et quadrillages. Il est de

forme contournée sur la face, avec double rang de tiroirs, et casier au-dessus, à deux tiroirs.

Haut., 90 cent.; larg., 1 m. 43 cent.

142 — Fût de colonne cannelée, en bois peint en vert, à l'imitation du marbre. Les cannelures sont garnies de tigettes en bois doré. La base est ornée d'un tore de laurier. Époque Louis XVI.

Haut., 90 cent.

143 — Corniche-étagère flamande, en bois de chêne sculpté, à rinceaux, groupes de fruits et mufles de lions.

Long., 2 m. 40 cent.

144 — Petit meuble en bois de noyer, fermant à deux portes, avec frise décorée d'ornements et d'une tête d'enfant en relief. Dessus de marbre rosé.

Haut., 85 cent.; larg., 87 cent.

CADRES EN BOIS SCULPTÉ

145 — Beau cadre du temps de Louis XIV, en bois sculpté et doré, à ornements, fleurs, figurines d'amours, lyres, carquois et flambeaux aux an-

gles et mascaron, surmonté d'un groupe de deux colombes, à sa partie supérieure.

Ouverture : haut., 1 m. 15 cent.; larg., 89 cent.

146 — Autre cadre du temps de Louis XIV, en bois sculpté et doré, à coquilles et ornements.

Ouverture : haut., 1 m. 11 cent.; larg., 83 cent.

147 — Cadre analogue à celui qui précède et de même époque, mais plus petit.

Ouverture : haut., 60 cent.; larg., 49 cent.

148 — Cadre de même travail que celui qui précède, mais moins riche.

Ouverture : haut , 80 cent.; larg., 64 cent.

149 — Cadre ovale du temps de Louis XVI, en bois sculpté et doré, surmonté d'une couronne de fleurs, de branches de laurier et d'un cor de chasse. Dans le bas, tête de cerf, trophée et branches de chêne.

Ouverture : haut., 90 cent.; larg., 70 cent.

150 — Autre cadre ovale de même époque, en bois sculpté et doré, surmonté d'un nœud de ruban

et à écusson et branches de laurier, à sa partie inférieure.

Ouverture : haut., 71 cent.; larg., 57 cent.

151 — Cadre ovale du temps de Louis XVI, en bois sculpté et doré, surmonté d'un motif élégant, à feuillages et rubans.

Ouverture : haut., 62 cent.; larg., 52 cent.

SOCLES

152 — Curieux socle à ressauts plaqué d'écaille et de larges bandes de cuivre. Il présente sur sa face et dans les angles coupés deux cariatides casquées et, au centre, un mascaron, le tout en bronze ciselé et doré.

Haut., 18 cent.; larg., 50 cent.

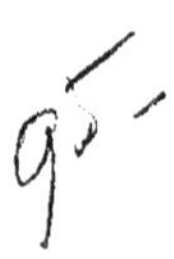

153 — Socle oblong, en bois noir. Il est garni aux angles de têtes de dauphins et, à sa partie supérieure, d'une moulure ornée, en bronze ciselé. Époque Louis XVI.

Haut., 11 cent.; larg., 36 cent.

154 — Socle carré, en forme de table, en bois sculpté et doré, sur pieds cannelés, reliés par des festons de laurier. Époque Louis XVI.

Haut., 11 cent.; diam., 16 cent.

155 — Socle carré, à gorge, du temps de Louis XVI, en bois noir, garni à sa partie inférieure d'une frise en bronze ciselé.

Haut., 6 cent.; diam., 14 cent.

156 — Deux socles en bois noir. Les angles, rentrants et arrondis, sont garnis chacun d'une applique en bronze ciselé et doré. Époque Louis XVI.

Haut., 34 millim.; diam., 21 cent.

157 — Socle du temps de Louis XV, à ornements rocaille en bronze ciselé et doré.

Haut., 5 cent.; larg., 16 cent.

158 — Petit socle carré du temps de Louis XVI, en bronze doré. Il offre sur chacune de ses faces une rosace oblongue ciselée.

Haut., 5 cent.; diam., 10 cent.

SIÈGES

159 — Deux fauteuils du temps de Louis XIV, en bois sculpté et ciré, couverts de tapisseries à dessin d'après Bérain, sur fond jaune clair. Les sièges présentent chacun un signe du zodiaque encadré d'ornements, d'attributs et de fleurs. Sur les dossiers, vase, attributs et ornements analogues à ceux des sièges.

Haut., 92 cent.

160 — Deux petites chaises chauffeuses en bois sculpté et ciré, couvertes de tapisseries analogues à celles des deux sièges qui précèdent. Celles-ci présentent des boucs combattant, des singes, un paon et des ornements dans le goût de Bérain, sur fond jaune clair.

Haut., 74 cent.

161 — Siège pliant en X, en bois sculpté et doré, du temps de Louis XIV, décoré de rosaces et d'ornements. Il est couvert d'une tapisserie à fond jaune, à décor d'attributs de pêche et de jardinage, de draperies et d'ornements dans le goût de Bérain, et offrant à son centre un enfant nu debout, tenant un feston de fleurs.

Larg., 69 cent.

162 — Trois grands fauteuils du temps de Louis XIV, en bois sculpté, à coquilles et ornements et foncés en canne dorée.

Haut., 1 m. 6 cent.

163 — Fauteuil semblable à ceux qui précèdent, mais doré.

Haut., 1 m. 6 cent.

164 — Deux fauteuils du temps de la Régence, en bois sculpté, à ornements rocaille, fleurs et feuillages. Ils sont foncés en canne et leurs manchettes sont en cuir.

Haut., 92 cent.

165 — Trois fauteuils du temps de Louis XIV, en bois sculpté et doré, à coquilles, feuillages et ornements. Ils sont foncés en canne.

Haut., 92 cent.

166 — Fauteuil bas du temps de Louis XIV, en bois sculpté et doré, couvert de velours à palmettes bleues sur fond rosé.

Haut., 73 cent.

167 — Très curieux et joli petit canapé à oreilles, du temps de la Régence, en bois sculpté et ciré.

Le dossier, dentelé et festonné, présente à son centre un charmant bouquet de fleurs. Il est couvert d'ancien damas vert émeraude.

Haut., 1 m. 8 cent.; larg., 1 m. 26 cent.

168 — Quatre fauteuils de même travail que le canapé qui précède et provenant du même mobilier.

Haut., 84 cent.

169 — Tabouret de même style et de même travail que les sièges qui précèdent et couvert d'étoffe semblable. Il est garni de deux poignées en bronze ciselé et doré.

Largeur, compris les poignées, 75 cent.

170 — Beau fauteuil du temps de la Régence, en bois de noyer sculpté, à ornements et fleurs. Il est couvert de velours à fond jaune clair et à fleurs, rosaces et ornements polychromes.

Haut., 99 cent.

171 — Fauteuil semblable à celui qui précède. Celui-ci est couvert de velours de Gênes à décor de palmes vertes sur fond rosé.

Haut., 99 cent.

172 — Grand fauteuil du temps de la Régence, en bois sculpté et doré; à moulures reliées par des feuilles et des ornements variés. Il est couvert de velours de Gênes ponceau, à rosaces, ton sur ton.

Haut., 99 cent.

173 — Chaise basse du temps de la Régence, en bois sculpté et doré, à coquilles et ornements. Elle est foncée en canne.

Haut., 89 cent.

174 — Grande chaise du temps de la Régence, en bois de noyer ciré sculpté, à corbeille de fleurs et ornements. Elle est couverte d'étoffe ponceau à larges fleurs veloutées vert.

Haut., 95 cent.

175 — Deux jolis fauteuils du temps de la Régence, en bois de noyer sculpté, d'une riche ornementation et à cartouche ajouré au dossier. Ils sont foncés de canne dorée.

Haut., 97 cent.

176 à 181 — Six fauteuils de même époque et de travail analogue, en bois sculpté, foncés en canne dorée, mais variés de décors.

Haut., 97 cent.

182 — Canapé en bois sculpté et doré, du temps de Louis XV, à ornements rocaille et fleurs. Il est couvert d'une très belle étoffe de soie bleu tendre à branches de fleurs veloutées et violacées, et bandes tigrées et ondulées sur fond blanc, bordées de plumes vertes simulées et veloutées.

Haut., 1 m. 5 cent.; larg., 1 m. 15 cent.

183 — Beau canapé dont le bois, du temps de Louis XV, est très richement sculpté, à fleurs et ornements. Il est couvert d'une étoffe de soie ponceau à bandes blanches et à branches de fleurs brochées en couleurs.

Haut., 92 cent.; larg., 1 m. 65 cent.

184 — Grand canapé-baignoire du temps de Louis XV, en bois sculpté et ciré, avec dossier orné de bouquets de roses. Il est couvert de soie lilas brochée à fleurs, quadrillages et rinceaux en soie blanche imitant la dentelle.

Haut., 1 mètre; larg., 1 m. 76 cent.

185 — Chaise longue du temps de Louis XV, en bois sculpté à fleurs et ornements, foncée en canne dorée et garnie de coussins en velours vert bordés d'applications de feuillages en

velours et soutachés verts, sur lesquels sont rapportés des tapis de velours de Gênes à rosaces relevées d'or sur fond ponceau.

Ce meuble est accompagné d'un rouleau en velours vert et d'un coussin de pied en velours grisâtre à rosaces.

Haut., 1 m. 8 cent.; long., 2 mètres ; larg., 78 cent.

186 — Chaise longue du temps de Louis XV, en bois sculpté et doré, foncée à l'extérieur de canne dorée et garnie à l'intérieur de gros de Tours vert clair rehaussé de rubans blancs et de fleurs polychromes brochés en soie de couleur.

Long., 1 m. 70 cent.

187 — Grande et belle bergère du temps de Louis XV, en bois sculpté et doré à feuilles, postes et branches de laurier. Il est couvert de velours bleu foncé à palmes ponceau.

Haut., 1 m. 8 cent.

188 — Fauteuil du temps de Louis XV, en bois ciré, sculpté à fleurs et ornements. Il est couvert en velours de Gênes à quadrillages et fleurons vert olive sur fond rosé.

Haut , 1 mètre

189 — Fauteuil Louis XV, analogue à celui qui précède. Celui-ci est couvert de velours de Gênes à imbrications ornées jaune d'or et fleurs violacées.

Haut., 98 cent.

190 — Fauteuil du temps de la Régence, en bois sculpté, à grenade, feuillages et ornements rocaille. Il est couvert d'une très belle étoffe à fond lamé d'argent et à larges bouquets de fleurs et de bandes de plumes simulées et veloutées.

Haut , 96 cent.

191 — Fauteuil de bureau du temps de Louis XV, en bois sculpté et doré, décoré de groupes de fleurs, de feuillages et d'ornements. Il est foncé en canne.

Haut., 91 cent.

192 — Fauteuil de bureau du temps de Louis XV, en bois sculpté, à feuilles et ornements ; foncé en canne et garni de manchettes en cuir.

Haut., 92 cent.

193 — Tabouret oblong du temps de Louis XV, en bois sculpté et doré, à palmettes et ornements rocaille. Il est couvert de velours de Gênes, à

larges fleurs et feuillages polychromes sur fond crème et garni de deux poignées en bronze doré.

Larg., 75 cent.

194 — Tabouret de pied, en bois sculpté et doré, couvert d'ancien velours de Gênes, à dessin vert sur fond jaune d'or.

Larg., 31 cent.

195 — Canapé du temps de Louis XVI, en bois sculpté et doré, à rubans enroulés, sequins, bras en volutes à rosaces, supportés par des balustres cannelés, etc. Le dossier et les côtés sont foncés en canne peinte en vert; le siège et deux coussins d'angles sont couverts d'étoffe, à fond vert, à feuillages veloutés.

Haut., 85 cent.; larg., 1 m. 60 cent.

196 — Grand canapé à dossier arrondi du temps de Louis XVI, en bois sculpté et doré, à perles, postes et feuilles. Il est couvert de velours à dessin bleu, rosaces et entrelacs sur fond crème.

Larg., 2 m. 10 cent.

197 — Canapé ou lit de repos du temps de Louis XVI, en bois sculpté et doré, à dossiers

en volutes et traverse fleurie. Il est couvert d'une belle étoffe de soie, à fond rose, à dessin de fleurs, bandes simulant la dentelle et autres bandes tigrées, brochées en soie de couleurs. Il est accompagné de deux rouleaux couverts de même étoffe.

Hauteur des dossiers, 1 mètre; larg., 2 m. 35 cent.

198 — Petit canapé ou marquise à dossier arrondi, du temps de Louis XVI, en bois sculpté et doré, à cannelures, grecques, rinceaux, fleurons, rosaces et volutes. Il est couvert d'étoffe à fond jaune rayée de bleu, et à fleurettes et ornements dans les entre-deux, brochés en soie de couleur.

Haut, 1 m. 9 cent.; larg., 1 m. 28 cent.

199 — Belle bergère du temps de Louis XVI, en bois sculpté et doré, à tore de laurier et à dossier arrondi, surmonté d'une couronne de fleurs. Elle est couverte de tapisserie à médaillons, sujet pastoral et animaux avec bordures formées de fleurs et de draperies.

Haut., 99 cent.

200 — Belle bergère du temps de Louis XVI, en bois sculpté et doré, à feuilles, rosaces et orne-

ments. Les montants se terminent, à leur partie supérieure, par des volutes et des pommes de pin. Elle est couverte de velours bleu ton sur ton, à dessin de fleurs et coquilles.

Haut., 99 cent.

201 — Autre belle bergère du temps de Louis XVI, en bois sculpté et doré, à postes, feuillages et rosaces. Les bras se terminent chacun par une marguerite. Elle est couverte de beau velours à fleurettes formant quadrillages sur fond gris perle.

Haut., 98 cent.

202 — Très beau fauteuil du temps de Louis XVI, en bois sculpté et doré, à feuilles enroulées autour d'un rang de perles et ornements variés. Les montants sont surmontés de graines. Il est couvert de velours à semis de fleurettes vertes sur fond rose.

Haut., 1 m. 1 cent.

203 — Deux fauteuils du temps de Louis XVI, à médaillon ovale, en bois sculpté et doré, à postes, sequins, feuilles, etc. Ils sont couverts de velours à fond rose et à dessin d'entrelacs et de feuillages verts.

Haut., 96 cent.

*

204 — Fauteuil du temps de Louis XVI, en bois sculpté et doré, modèle à médaillon ovale, bordé d'une poste et surmonté d'une corbeille de fleurs. Il est couvert d'une jolie étoffe de soie violacée à quadrillages blancs imitant la dentelle et fleurettes polychromes dans les entre-deux.

Haut., 96 cent.

205 — Deux grands fauteuils en bois sculpté et doré, modèle à pilastres cannelés et à médaillon ovale, encadré de lauriers et retenu à sa partie supérieure par un nœud de ruban. Ils sont couverts de velours à petits dessins verts sur fond jaune clair.

Haut., 99 cent.

206 — Deux chaises du temps de Louis XVI, à médaillons ovales, en bois sculpté et doré, à feuilles et rubans enroulés sur pieds droits cannelés. Elles sont garnies d'une jolie étoffe de soie violacée à quadrillages, formés de branches de fleurs et ornés chacun d'une fleur.

Haut., 93 cent.

207 — Jolie chaise, dite *voyeuse,* du temps de Louis XVI, en bois sculpté et peint en blanc, décorée de rosaces et de perles et à dossier en

forme de lyre. Elle est couverte, siège et dossier, d'étoffe de soie à fleurettes sur fond rosé.

Haut., 82 cent.

208 — Chaise en bois doré, à dossier ajouré formé d'une palme sculptée. Elle est couverte d'étoffe rosée semée de fleurettes et quadrillée.

Haut., 91 cent.

TAPISSERIES

209 — Tapisserie gothique représentant, sur un fond boisé, divers personnages en riches costume du xve siècle, et, au premier plan, un seigneur et sa dame jouant aux dames.

Haut., 3 m. 30 cent.; larg., 3 mètres.

210 — Autre tapisserie gothique, également à fond boisé et à personnages. Au premier plan, seigneur en riche costume du xve siècle, chevauchant sous bois.

Haut., 3 m. 30 cent.; larg., 2 m. 60 cent.

211 — Grande et très belle tapisserie Renaissance, représentant le Passage de la mer Rouge, com-

position d'un très grand nombre de personnages et de guerriers en riches costumes de la fin du xve siècle. Bordure composée de branches fleuries et de rubans sur fond vert.

Haut., environ 4 m. 20 cent.; larg., 5 m. 80 cent.

212 — Petite tapisserie du xvie siècle, composée d'un groupe de femmes très richement vêtues, dont plusieurs personnifient la Justice, la Foi et la Charité, sous un édicule à colonnes. Deux d'entre elles tiennent une image à deux personnages. A gauche, un couple d'amoureux et un groupe de deux figures sur fond de paysage. Bordure composée de petits compartiments de fleurs sur fond bleu foncé.

Haut., 2 m. 35 cent.; larg., 2 m. 95 cent.

213 — Bannière des premières années du xvie siècle. Elle présente, au centre, un écusson armorié entouré par trois génies nus debout, tenant des banderoles et se détachant sur un fond fleuri. On lit sur une banderole rouge, placée à la partie inférieure de la pièce, l'inscription : *In Eternum.*

Larg., environ 1 m. 65 cent.

214 — Écran en bois de noyer sculpté et ciré, à

ornements et coquilles du temps de la Régence, garni d'une tapisserie à fond jaune clair, à riche dessin dans le goût de Bérain, et représentant une déesse assise sur un motif orné et entourée de cariatides, de corbeilles de fleurs et d'ornements variés. La figure principale est surmontée d'un dais et la bordure, à fond rouge, présente des fleurs et des enroulements.

Haut., 1 m. 6 cent.; larg., 61 cent.

215 — Écran du temps de la Régence, en bois de noyer sculpté, à fleurs et ornements rocaille. Il est garni d'une tapisserie des Gobelins dans le goût de Lancret, qui représente un groupe de deux personnages dans un paysage encadré d'ornements élégants et d'attributs pastoraux sur fond jaune et avec bordure à fond rose.

Haut., 1 m. 10 cent ; larg., 72 cent

216 — Dessus de cheminée en drap bleu, contourné d'une bande de tapisserie gothique à branches de fleurs retenues par des rubans.

Hauteur de la tapisserie, 22 cent.; long., 2 m. 60 cent.

217 — Deux coussins de forme contournée, en velours bleuâtre, avec riche encadrement brodé en argent et portant, au centre, un écusson armorié

surmonté d'une couronne et brodé en soie de couleur et argent.

Long., 43 cent.; larg., 45 cent.

218 — Coussin circulaire couvert d'ancien velours de Gênes, à large bouquet de fleurs et à couronne de fleurs et d'ornements polychromes rehaussés de parties tissées d'argent sur fond clair. Il est garni, au pourtour, d'une frange courte à glands multicolores.

Diam., 60 cent.

219 — Coussin couvert de même étoffe que celui qui précède, mais de forme ovale en largeur.

Larg., 55 cent.

220 — Coussin circulaire couvert de velours à fond brun et à arceaux et fleurs à fond jaune.

Diam., 48 cent.

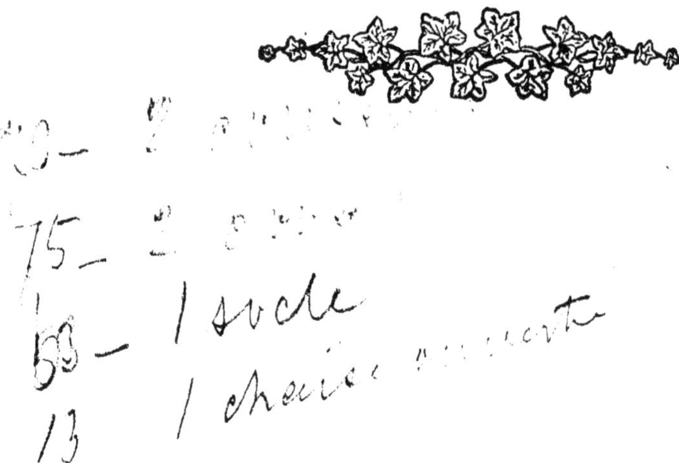

www.ingramcontent.com/pod-product-compliance
Ingram Content Group UK Ltd.
Pitfield, Milton Keynes, MK11 3LW, UK
UKHW022106170726
13837UKWH00003B/1093

9 782329 547466